노성배 두 번째 시집 ■ 막연한 삶을 가로질러 봄

노성배 두 번째 시집

막연한 삶을 가로질러 봄

휴먼필드
Human Field

시인의 말

시인은 순례자처럼 말하지 않는다.

시인은 순례자를 사랑하지만 철학자처럼 정돈해서 말하지 못합니다. 순간에 스치는 삶의 파편들을 모으는 재주를 가졌을 뿐 영혼의 등불은 만들 수 없다는 것을 알고 있습니다.
괜한 이야기 미사여구를 동원하는 일도 시인의 몫이 되어서는 안 된다고 들었습니다. 그러나 이번 시집 또한 다듬고 다듬었어도 더 이상 보탤 것도 뺄 것도 없는 상태를 찾아내지 못했습니다. 그래서 감정이 길을 열어주면 의심하지 않고 순간에 충실 하기로 했습니다. 널린 시어 하나라도 겨울을 견뎌낸 봄나물처럼 잠시라도 그대 가슴에 머물러 준다면 시인은 좋을 일입니다.
살다 보니 어느덧 노송이 되어 듬성듬성 비워진 겨울나무가 되었지만 봄이 되면 따스한 햇볕을 기다리고 살랑살랑 불어오는 봄바람 맞을 때면 아직도 소녀처럼 가슴이 부풀어 오릅니다.
크고 늘어진 나무 끝까지 물을 길어 올리면 새들은 찾아와 노래해 주는 기쁨으로…
1집의 부끄러운 원망과 토로를 사죄하는 마음으로…

2025년 5월
木友 노성배

목차

1. 막연한 삶을 가로질러 봄

내일 _ 14
복수 _ 15
흘리는 것들 _ 16
지금 여행 중 _ 17
봄날 _ 18
골목 유정 _ 19
내 엄마 _ 21
막연한 삶을 가로질러 봄 _ 23
시인의 집 앞에 죽은 화분이 있었다 _ 25
고독한 행복 _ 27
한 박자만 늦추자 _ 28
섬 _ 30
같이 삽시다 _ 32
살림살이 _ 34
끼려거든 _ 35
하늘에 오르사 _ 36
습관 _ 37
사춘기 딸 사추기 엄마 _ 38
꼭 그렇게 하지 않아도 된단다 _ 40

내일이 궁금해서 오늘을 산다 _ 41

아버지의 눈물 _ 44

친정집 수건 _ 45

꽃은 절망하지 않는다 _ 46

느낌의 주인 _ 47

변한다는 것 _ 48

어른이 된 아들에게 _ 49

입단귀열 _ 51

카더라 _ 52

오월의 내력 _ 53

불안 _ 55

좁은 길 _ 57

다시 봄_ 58

벽시계_ 59

2. 평온의 지평선 아래

반달 _ 62

정쟁 _ 64

한류 _ 65

재활용 _ 66
들고양이 _ 68
아파트 _ 70
버선발 _ 71
저출산 _ 72
아리랑 _ 74
임진강에서 _ 75
엄마와 아내 _ 76
결혼지옥 _ 77
착한 3.1운동 _ 79
광화문 광장 _ 80
길을 물었다 _ 81
우리 이모 _ 82
절대적인 _ 84
스마트폰 그리고 초인 _ 85
칼의 쓰임 _ 86
쓰나미 _ 87
반복의 기적 _ 90
비판 _ 91
음양오행 _ 92

3. 발길 끝에 저절로 새겨진

커진 마음 _ 94

사랑 _ 96

시 잘 쓰고 밥 잘 사주는 여자 _ 97

나팔꽃 _ 99

비가 오면 _ 101

꽃 그렇게 예쁜 짓만 하는 줄 알았다 _ 103

흔들려도 예뻐 _ 104

산당화 _ 105

자작나무 _ 107

소낭구 _ 108

처음으로 사랑 고백 받던 날 _ 109

갈퀴나무와 산지기 _ 111

고흐와의 하룻밤 _ 113

매화초옥도 _ 115

처음이었으므로 나는 성글다 _ 117

내가 내게 꽃을 선물합니다 _ 118

빈집 _ 1120

웃음의 파고 _ 122

착각 _ 123

체념 _ 25
선을 넘는 _ 126
나혜석 _ 127
타인의 본질 _ 128
외길 _ 129
생각 사용법 _ 130
요즘 말 _ 131
무관심 _ 133
발길마다 _ 134

4. 더 이상 예쁠 수 없는 꽃처럼

차림 _ 136
물건들 _ 137
짝사랑 _ 138
다만 _ 140
걱정 _ 141
나의 유정한 일생 앞에서 _ 143
건망증 _ 145
밥 한번 먹자 _ 147

겨울잠 _ 148
치매 _ 149
서쪽으로 창을 내어 _ 150
만년필 _ 152
협상의 기술 _ 153
도로또 _ 154
엄마의 시간 _ 1156
흰머리 _ 158
침묵의 기술 _ 160
여자니까 _ 161
문 뒤에 _ 162
운명을 사랑해 보기 _ 164
불면증 _ 165
달맞이꽃 _ 166
깨달음 _ 167
고요한 소음 _ 169
박하사탕 _ 170
느림의 이치 _ 171
결정장애 _ 172
단순하게 정면으로 _ 173

1.

막연한 삶을 가로질러 봄

내일

하루
또 하루
길 없는 길

그러나
지금까지
밟아 온 길

그때마다

하루
품값으로
받아 온

내일

복수

추워 죽겠다.
더워 죽겠다.
배고파 죽겠다.
졸려 죽겠다.
보고 싶어 죽겠다.
배불러 죽겠다.
힘들어 죽겠다.
미워 죽겠다.

매일매일 드리우는
죽음의 그림자

살아서 복수하자!

흘리는 것들

나이가 드니
무엇인가 자꾸 흘린다는 것

입에서 밥알이 떨어지고
손에 든 젓가락을 놓친다
중력을 단속하는
무뎌진 감각을 어쩌나

가방도 지갑도
두고 오는 일
활자가 더디 읽혀지고
가까운 이름이
아득해지는 정신을 어쩌나

에이!

이왕 흘리는 것
노욕도 버리고
화도 줄이고
잔푼도 흘려
그렇게 삶도
흘려보낼 일이다

지금 여행 중

신께서 어찌어찌
청춘을 돌려준다 해도

가파른 산길을
다시 올라가라니

거친 들에서
삶을 구걸한 적 없는
쑥부쟁이
개망초
삐비대

부끄럽고
미안하지

봄날

단발머리 가시나들과
나물을 캐고
내바구니 허리에 차고
어둡고 무서웠던
족제비 대밭을 지나
집에 오는 길
그렇게 새들은 울었었다

쌀 한 톨 없는
허공에 걸린 보리밥 광주리
어린 오빠
영산강 뚝방공사 나가서
타 온 밀가루 한 포대
그렇게 봄날은 지난했었다

눈만 뜨면 스치는 뻔한 시나리오
눈감으면 상영되는 똑같은 필름
60년을 이어 온 신파극장
60년 우려먹은
나의 봄날

골목 유정

그냥 골목이 좋다.
적당히 아득하여 좋다.
그릇 부딪는 소리도 좋다.
아이들 소리도 좋다.

그냥 골목이 좋다.
그때 그 시절
학교 가자고 불러대던
친구가 앞서간다.

그냥 골목이 좋다.
뉘 집 생선 굽는 냄새도 좋다.

좋아했던 모시매 집 앞에서
얼굴 한번 붉히고
번개처럼 지나쳐야만 했던
소녀가 보인다.

그냥 골목이 좋다.
위대하고 각진 도시 말고
계산 없는 돌담과

뺑기로 덧칠한 철 대문
집 밖으로 기울어진
감나무도 좋다.

낙서처럼 해진 사진이 보인다.

골목 끝에 서 계시는
엄마도 보인다.

가족의 짐을 지고
오가셨던
아버지가 보인다.

내 엄마

안개 속을 걸어갑니다
짙은 안개 속으로 걸어갑니다

새벽은 늘 고요하고
의식은 늘 곤합니다

아버지 일 나가는 날
부산스럽고도 아늑하게 들리던
엄마의 부엌

자식새끼 다섯에 아버지
암울한 새벽을
한 번도 거르지 않으셨던
엄마의 새벽

마지기라고 말할 것 없는
논밭데기 갈면서
정갈하게 살아낸
내 엄마

당연한 줄 알았던

여자인 엄마도
막연한 안개를 가로질러
눈물을 꽃잎으로 날리고
한 번도 무너지지 않았으므로

내게 늘 봄이었던
내 엄마

막연한 삶을 가로질러 봄

살아있는 나는
나도 모르게 살고 있다.

몸이 기억한 습관으로
눈 감고도 살아내는 나

하루를 접기도 전에
또 하루를 맞이하는
살아있음의 습관

질기고 긴 길 끝에서
나를 뺀 나를
처음으로 발견한 날
울고 또 울었다.

지금도
밀려오는 하루를
센척하며 살아내는
기울어진 어깨에 드리운
무심한 나
내게 미안한 나

살아있다고 살기만 하면
내게 봄은 무엇인지
내 곁에 너는 또

살아있는 나는
내게도 좋은 소식을 전하고
위로의 강물을 흘려
아직도 꿈에 숨겨둔
소나기 같은 소녀에게
어깨를 내어줄 것

조금 흔들리더라도
앞으로 내디뎌 봄

아직도
막연한 삶을 가로질러 봄

시인의 집 앞에 죽은 화분이 있었다

박인환을 사랑한 시인은
오늘도 넘치는 시어들과
감정을 주체할 수 없어
밤을 공책 삼아
글 밭에 눕는다.

찰스 램을 사랑한 시인은
시나리오가 된 자신의 삶을
주저리주저리 고백한다.

이육사를 사랑한 시인은
이 나라를 걱정하면서
내 편 아닌 것을 탓하다가
소주 한 병 비우고
잠들었다.

이해인을 사랑한 시인은
작은 생명까지도
기도하듯 절실하게
세상을 기록한다.

시인의 집 앞에
죽은 화분이 있었다.

고독한 행복

꼭 고독이 불행이 아니듯
모두라는 구속에서
혼자라는 단출함이
숨을 쉬게 할 때가 있다.

고독을 이길 수 없을 때
다시 모두와 말을 섞고
그 말은 내게 칼이 되어
잡풀처럼 베이고 만다.

지독하게
고독해야 행복해진다는
쇼펜하우어를
이제야 스승으로 모신다.

혼자 있어도
잘 노는 사람은
결코
고독하지 않다.

그러므로
불행하지도 않다.

한 박자만 늦추자

노래는 박자를 놓치면 박치가 되지만
삶은 박자를 놓쳐도
개성이라고 둘러댈 수 있지 않은가.

남자 동창이 내게
우스갯소리로 하는 말
신발 끈 좀 묶었더니
살림이 나아지더라.

여자 동창이 내게
남편에게 따지지 않고 살았더니
이년 저년 다 만나고 돌아와
매일 차 문을 열고 닫아 주더라.
살다가도 모를 일이지.

거대한 이끌림에
올라타지 못하면
죽을 것 같았던 젊은 날

그때 생긴 종종걸음
지금도 눈만 뜨면

밀려드는 조급증

가슴에
종려나무 하나 키우자.

아무리 지랄을 떨어도
자라고 싶을 만큼만
자랄 테니.

섬

바다에 던져진
섬 하나

너도 섬이고
나도 섬이다

섬은
길이 없어서
모두가 길이라 하자

뱃길 망망하다고
오가는 갈매기
눕지 않고

혼자라는 이유로
꽃피는 3월
꿈을 접지 않으니

바다 밑을 오가는
물고기 떼
등대로 선다

해도 뜨기 전에
흰 깃발 날리며
오는 통통배
기적소리 한 번

밤을 울다가 일으키는
또 하나의 하루

너도 섬이고
나도 섬이다

같이 삽시다

이제부터 오빠 동생 없이
먼저 가는 놈이 형님이다.

의식 성하고
이빨 성하고
다리 성할 때
같이 삽시다.

누구랄 것 없이
황토방에 불을 지피고
뜨거운 보리밥
돗나물 씀바귀 달래 냉이
고추장 들기름 넣고
세숫대야 양푼에 비벼
격식 빼고 둘러앉아
먹어 봅시다.

사업한다고 여윈 막네
살 좀 찌우고
박사 받은 셋째
서재 하나 꾸미고

노래쟁이 둘째 오빠
무대 만들고
노구에 약진하는 큰 오빠
홍어술상 좀 차려
잔치하며 살자

이제부터
먼저 가는 놈을
형님이라고 하자

살림살이

살려내면서
살아내는 것

이보다 큰일은 없다.
이보다 아름다운 수고는 없다.
이보다 우러를 수 없다.

끼려거든

돈 쓰거나
재밌거나

둘 중 하나는
챙길 것

청춘에
끼려거든

하늘에 오르사

하늘로 올라가면
은하수 나라로 가나
샛별 나라로 가나

어느 한 사람도
하늘에 오르사
소식 하나 전해 주지 않고
타고 간 사다리
밀치고 가니
답답할 노릇

천당이 있다면 이곳
지옥이 있다면
또한 이곳일 것 같은
합리적인 의심

습관

미움도 습관이고
시기도 습관이다
비방도 습관이고
무시도 습관이다
눈물도 습관이다
화냄도 습관이다

사랑도 습관이다
존중도 습관이다
칭찬도 습관이다
관심도 습관이다
웃음도 습관이다
재미도 습관이다

사춘기 딸 사추기 엄마

딸 : 입을 옷이 하나도 없어!
엄마 : 전에 산 옷 있잖아.
딸 : 됐어!!
엄마 : …

청춘이라는 이유로
무례한 딸
하루에 목숨거는 딸

따질 새도 없이
쇠망치로 판결해 버리는 딸
"됐어"

너무 일찍 철들어 버린
나의 청춘은 너무 억울

망아지 사춘기는
롤러코스터 사추기를 몰라

망아지 길들이는
쉽고도 명쾌한 방법

엄마로
목매달지 않기.

꼭 그렇게 하지 않아도 된단다

하던 대로 살기만 하면
그런대로 살 수 있지만
남의 행복을 위해
살 가능성이 커질 거야

이만큼 살아보니
똘끼 한번 부려볼걸
더 많이 실패해 볼걸
세계로 나가 볼걸
책 좀 많이 읽을걸
내게 살자고 덤빌 때
이놈 저놈 좀
만나보고 살걸

이토록 살아보니
누구나 가로로 세워
모두 일등이었다는 걸
알았어

내일이 궁금해서 오늘을 산다

1)
어제는 비 오고
천둥 치고 번개 치더니

오늘은 맑고
화창하여 반짝이는 날

울다가 웃고
없다가 있듯

내일이 궁금해서
오늘을 산다

2)
내일이 궁금해서
고개 넘고 넘는
질긴 호기심

내일을 몰라
오늘만 사는 무던함

몸 하나 공책 한 권
시어로 밥을 지어
배고픈 영혼 앞에
밥 한 상 차려
오늘로 살자

오늘을 함부로
잠깐이라고 말하지 말자

내일이 궁금해서
오늘을 산다

3)
어디서 왔는지
그렇게 붉게 선연하게
겹겹 봉우리 소홀함 없이
기어이 피어내는 명자꽃

인연인 양 하여 바라볼 때
정줄 틈도 없이
바람 타고 가버리니

내일이 궁금해서
오늘을 산다

4)
여간해서
얼굴을 바꾸지 않는 소나무
어설피 내일을
점치지 않는다

남쪽으로 떠나는
나그네새에게
오늘의 이유를 물었더니
날개가 있으니
떠난단다

어쩌다가 내게 온 나
발이 있어 걸어갈 때
바람도 차고 눈도 내린다

내일이 궁금해서
오늘을 산다

아버지의 눈물

별것 없는
청국장을 드시다가
눈물을 보이신다
먼저 간 엄마가
생각난다 하신다

"네가 끓인 청국장이
네 엄마랑 똑같구나"

아버지의 아내였던 엄마는
지병으로 먼저 가시고
지지리도 속 썩였던 아버지

이제야 없는 엄마가
보이시나 보다.

친정집 수건

친정집 수건은 늘 시커멨다
이제야 알고 보니
두 분 머리 염색하고
감고 닦아서 그랬던 것을

그 정갈했던 엄마의 끝자락에
힘겹게 넘던 아리랑고개

내가 염색하고 보니
친정집 수건이
앞에 있다

꽃은 절망하지 않는다

절망의 반대말은 희망이 아니다
절망을 습관 하지 않는 것이다

꽃이 그렇다
꽃은 절정과 절망이 같다

꽃은 만개할 때
절정이 절망을 안고
논개처럼 지는 것이다

삶은 선택이 아닌 수용
절망은 없는 것이다

느낌의 주인

내 것에 대한 확신이 없었다
그저 스치는 잔상일 뿐
내 느낌 따위는 늘
가을날 뒷방에 뒹굴던
모과 같았다

느낌을 성숙시키는
어떤 시도도 없이
느낌을 사랑한다는
일기장 한 줄도 없이
느낌을 흘려보냈던
젊은 날

매일 매일
헤진 그물을 손질하여
던져 놓은 허공
바람에 걸려 온 말들
다듬는 일이 어눌하여
밤새 이리저리 꿰맞춰 보는
달라진 느낌의 처우

변한다는 것

변하지 않는 것은 반칙이다
더욱이 사람의 일이야
오죽하겠는가

변하여 움직이는
사람 마음은 또 어떻고

80년대에 유행했던 가사
"배신자여 사랑의 배신자여"
사랑의 배신자를
가장 목 놓아 노래했던 이유
흘러가는 꽃잎은 믿어도
검은 머리 짐승은
믿지 못한다는
통념인 줄만 알았다

그날 내게
죽기 전에는 사랑 변치 않겠다던
절절한 눈빛 동식이놈은
쪽지 한 장 홀연히 남기고
떠났었다.

어른이 된 아들에게

아들아
산다는 것이 별것도 아니지만 별것이기도 하더라

지금 내가 제일 후회하는 것은
가까이 곁에 있는 사람에게
흔한 칭찬들 의미 없이 아껴서
책갈피에 끼워 둔 일이란다

책갈피에 있던 영혼들
집을 정리 할 때마다
홀연히 바닥에 떨어져
헤진 모습으로 뒹굴더라

사람은 밥으로만 사는 것이 아니듯
돈도 안 드는 예쁘고 좋은 말
아껴서 썩힌 만큼
감정비용을 지불하고 살아야 한단다.

고마워-모험하듯 아내와 엄마가 되어 사는 아내에게
가장 위로되는 말이란다.
사랑해-아내에게도 아이들에게도 훗날 자신을 일으키

는 비옥한 토지가 된단다.

대단해-누구에게나 가끔 슈퍼맨으로 만들어 주는 일은 결코 손해 볼일이 아니란다.

잘했어-모든 일을 잘할 수 없지만 실수도 좋은 추억으로 만들어 주어야 한단다.

괜찮아-공감이라는 단어보다 훨씬 흔하지만 바로 효과를 보는 말이란다.

멋있어-의외로 인색한 말이지만 맵시 있는 말과 몸가짐을 갖게 하는 말이란다.

훌륭해-위기를 넘기는 사람에게 하는 말이지만 의지를 높이는 좋은 말이란다.

놀라워-자주 쓰는 말은 아니지만 숨겨 둔 재능을 방치하지 않는 기적같은 말이란다.

예쁘다-아내나 딸에게 하는 가성비 최고의 일상언어지만 꼭 눈을 마주치며 말해야 한단다.

최고야-우울할 때 들려주는 기운 소환제로서 자존감을 높이는 산뜻한 말이란다.

입단귀열

입을 닫으니
눈도 말을 하고

귀를 여니
처음 네가
내 곁에 있음을
알았어

카더라

나는 남의 귀로 놓인 수로에
발을 담그고 말았다

나는 내 입으로 놓인 배수구에
배설하고 말았다

오월의 내력

5월 어머니를 묻고 오는 길
영산강 초평에 앉아
허망하여 쓰러질 때
지천으로 날리던 삐비꽃

어머니도 꽃이었던 날
저고리 고름 날리며
5월 하얀 삐비꽃으로 오세요

학교길 어스름한 멧동을 지나
신작로 길에 닿을 때까지
무심한 채 도열 한 진달래
선연하여 슬픈
5월의 바람으로 오세요

품삯 대신 받은 쌀 한 말
인생의 정수리에 이고
밤 짐승 울어 대는
삼정이 고개를
수 없이 넘고 넘을 때
고운 향기 내리고

하얀 등불이었던
5월 아카시아 꽃으로 오세요

어머니
꿈에라도 한번 오세요

불안

정글에 사는 동물들은
수백 번의 눈을 떠야만
밤을 살아낼 수 있단다

불안이 본능이 되어
작은 스침에도 눈을 떠야 하는
잔인한 법칙이 있단다

불안하지 않기 위해
문을 잠그고 불을 끈다

불안하지 않기 위해
정도 이상 장을 보고
냉장고를 채운다

불안하지 않기 위해
쉬지 않고 일을 하고
통장을 채운다

그러므로
혼자가 가능하다

그러므로
불안하다

좁은 길

지나치는 모든 것이 내게서 멀리 서성이고
인사를 건네는 일도 받을 수도 없으므로
투명한 나는 큰길 한가운데 나목이 되어 서 있다

한낮에 드리우는 그림자도 짧아 기댈 곳 없고
초점 없는 눈을 뜨고 바삐 지나는 사람들이
바람을 지나쳐 잔파도 출렁이며 흘러가듯 허심하다

총총대는 사람들 발끝에 채이는 화려한 고독
혼자이지 않으려고 희멀건 하늘 낮달로 떠도
밤이 되어도 또 낮이 되는 지친 눈부심만 무심하다

오늘도 좁은 길로 간다

낯선 길이라도 넋 놓고 걸어도 좋다
많고 많은 그리운 것들 모아 놓은 숨결
적당히 걸려 걷고도 밀착되는 사람의 온기
순서 없는 엇갈림이 좋다

다시 봄

사람들은 모를 일이지
봄꽃 흐드러지는 거리에서
하늘 넓인 꽃길 꿈으로 걸어도
서러운 짧은 생 눈물꽃이라는 것을

봄은 짧은 운명을 알아내고
한꺼번에 청춘을 쏟아 내어
만덕산 골짜기 바람길 지천에
진달래 고운 인연으로 피다가
지난겨울 참다가 눈물이 된
꽃비를 뿌리고 뿌리는 것이다

다시 오는 봄은 있어도
다시 사는 인생의 봄은 없으니
처음으로 온 청춘은 바람 같아서
어수선하여 바쁘고
핏기 서린 철쭉으로 피다가
아리랑고개를 넘어가는 것이다

사기꾼은 왜
세월은 속이지 못할까!

벽시계

꿈도 없이
밤낮으로
일만 하다가
늙고 병들면
뉘 집 모퉁이
쓰레기봉투에
담길 일을…

불을 꺼도
똑딱거리며
벽에 걸려 있다

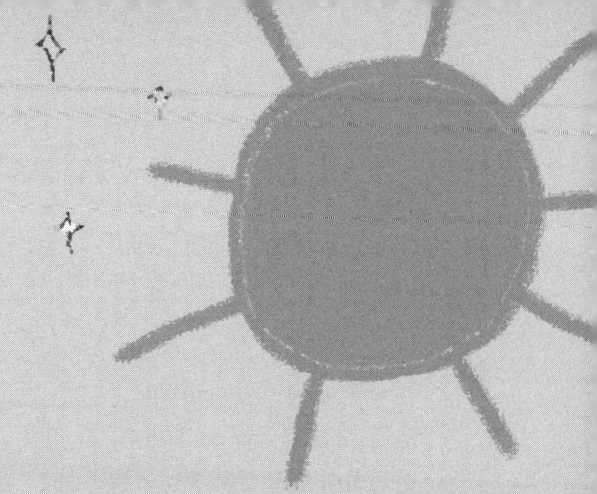

2.

평온의 지평선 아래

반달

고무줄 갈래머리 국민학교
음악 시간 풍금에 노래 마디
아득하여 아득하여 꿈이었던 노래

1924년 윤극영 선생
반달이 된 민족을
노래로 노래했다

노래는 횃불이 되어
핏기 없는 동토를 녹이고
폭풍에 쓰러지던
들풀을 깨워 일으켰던 노래

평온의 지평선 아래로
그토록 숨겨 놓은 저항

푸른 하늘 은하수 하얀 쪽배엔
계수나무 한 나무 토끼 한 마리
돛대도 아니 달고 삿대도 없이
가기도 잘도 간다 서쪽 나라로

은하수를 건너서 구름 나라로
구름 나라 지나선 어디로 가나
멀리서 반짝반짝 비치이는 건
샛별이 등대란다 길을 찾아라

정쟁

정치를 말하다

아군, 전열, 대열, 전술, 공격, 침탈, 탈환, 작전, 전멸, 몰살
야전, 엄호, 오발, 우군, 명령, 총상, 충성, 통솔, 보안, 통제
간첩, 감시, 복수, 기습, 난전, 난투, 도청, 돌격, 방어, 무장
타격, 선봉, 소환, 급습, 승리, 요격, 전위, 진영, 잠수, 경계
반란, 방벽, 적대, 전초, 내란, 함정, 도륙, 불발, 폭격, 선봉

두루미를 죽이면 여우는 무슨 재미로 살아.
벼룩이 싫어서 초가삼간 태우면 어디서 살아.
땅을 일구겠다고 숲을 없애면 새는 어디서 살아.

한류

얼마나 애쓴 호사냐
얼마나 놀라운 호사냐
얼마나 오래 갈 호사냐
얼마나 경계해야 할 교만이냐

재활용

세 끼를 먹었는데
네 끼를 먹으라고
종용하는 사회

그리하여
죽도록 토해 낸
배설을 밟고 사는
우리에 갇힌 우리

마치
자신의 꼬리를 물고
돌고 도는 강아지처럼

손길 한번 스치기 위해
겹겹이 싼 포장은
밤새 그렇게
화려해야 했나.

땅속으로
불 속으로
망망한 대해로 가는

심판의 날
운 좋게 분리된
재활용

공동체 합의문을 들고
수거 값을 받아 가는
야바위

들고양이

조금만 꼬리를 흔들면 될 텐데
한사코 뒷걸음치며 멀어지는 인연

자유의 영혼인가 증오의 화신인가

알량한 사람의 손길을 거부하며
사람의 골목을 서성거리는 것은
무표정으로 이웃이면서 살아가는
사람의 초상을 보아버린
또 다른 이웃

허기진 날들 거리를 맴돌고
담장 하나로 영역전쟁을 벌이며
밤마다 성이 무너지고
감당 없는 사생아를 양산하는
사각에 가려진 사람을 닮은
또 다른 이웃

유별나게 춥던 재작년 겨울밤
담장 끝에 떨고 있던 너는
밤새 목 놓아 울었었다.

절망 앞에 쓰러진
사람의 울음소리를 배워버린
또 다른 이웃

아파트

침대 위에 침대
식탁 위에 식탁
거실 위에 거실
안방 위에 안방

층층으로 복붙
편하여 평균으로
맞춰 넣은 평화

버선발

신발을 신을 틈도 없듯
버선발로 마당을 밟아
손님을 맞이하시던 엄마

장사 안된다고 문 닫기 전에
버선발로 손님 맞이해 봐요

장사만 하는 가게는 망하고
가슴으로 장사하면 흥하리

사람을 대하는
만고의 진리
버선발

저출산

호적에 올릴 틈도 없이
자식새끼 줄줄이 낳아
엉덩이 두들겨 밖으로 밀어내도
니 자식 내 자식 따지지 않고
반은 골목에서 키워 냈던 때가 있었다

"제 밥그릇은 제가 갖고 난다"

한방 없는 삶
부지런만 하면 배는 곯지 않는다는
가난했지만 사람이 위로였던 믿음
불행이란 말은 들은 적도 없었다

새마을 운동과 쥐잡기 운동이 한창일 때
"더도 말고 둘도 말고 하나만 낳아 잘 기르자"던
그때 진심이었던 구호

이제 와서 인구절벽을 외치며 출산을 호소해도
인정머리 없는 사회를 가로질러 가야 할 어깨 위로
아이는 어떤 의미로 세상에 와야 하는지
묻는 세대들

"낳기만 하세요. 국가가 어린이집이 되겠습니다"
그러면 좀 생각해 볼 여지가 생길지…

아리랑

소리가 아니라 강물이다.
노래가 아니라 신음이다.
가사가 아니라 등불이다.
가락이 아니라 눈물이다.
박자가 아니라 흐름이다.

강물은 모든 산 것들의 증표
신음은 생존을 깨워내는 본능
등불은 희망하는 것들의 집합
눈물은 마음에 고인 습기
흐름은 긴긴 세월 같이 가는 것

너 같은 나
나 같은 너
모두의 하나
하나의 모두

임진강에서

어디 그만한 꽃들이야
지천에 깔려 봄을 깨우건만
해마다 임진강 쓰러진 풀잎과
핏기 없는 꽃잎은
북쪽 바람을 타고 봄을 빌어
강변에 닿아 눕더라

민통선 너머로
나는 물새들 시름없고
황노루 빼꼼히 고개 들더니
이내 숨어 뛰어 가는 일 말고는
강은 무심하여 흐르기만 하더라

잠시 가두어 둔
상호 부자유 땅
봄은 보란 듯 돌아오지만
사람이 가고 오는 일이
그렇게 힘든 일일까

한사코 흐려지는
북쪽 하늘에
다시 봄비가 내린다

엄마와 아내

엄마는 내 엄마니까
내게 잘해야 하지만

아내는 엄마가 장모님이니까
내게 잘하지 않아도 된다는
마윈[1]

그것도 모른 서방 땜에
무던히도 싸우고 살았다.

---

[1] 마윈(馬雲) : 1964년생. 알리바바 그룹의 창시자

결혼지옥

적과의 동침을
합법적으로 허용한
유일한 전쟁이라 했던가.

금성에서 온 남자와
화성에서 온 여자가
한 이불 덮고 사는 일이
얼마나 위험한 일인가.

물밑에 가려진
빙섬의 환상만 보고
몸을 섞는 일이
얼마나 무모한 일인가.

시퍼런 통념과
통금으로 지켜 낸
조신한 여자가
망망한 대해를 넘는다는 일이
얼마나 위험천만한 일인가.

도파민에 마비당한

돌아온 의식 앞에
남겨진 세월은
어떻게 견디어야 하는가.

서로 1등이었던 우리
서로 꼴찌가 되어
다시 1등을 꿈꾸는
합리성의 오류

착한 3.1운동

안에서 밖으로
쏟아져 나온 사건

자유를 집안에
가둘 수 있을까?

정의 같은 것과
진실 등등은 묘하게
착한 사람들에게서
나오지

착함은 아닌 것을
아니라고 말해버리는
단호함 같은 것

여리고 여리셨던
글도 읽지 못한 어머니
좁은 어깨 뒤에
숨겨진 단호함

고요하지만 위대했던
어머니로 오는 3월

광화문 광장

세종대왕을 기리며
우리말로 싸우더니
문장이 길이 되고
뉴스가 쉴 새 없어도
한사코 새로워지는
대한민국

이순신 장군을 기리며
밤마다 일자진[1]을 펼쳐
진영을 위협해도
기어이 나아가는
대한민국

최고의 어진 대왕
최고의 군신이 계시나니
진흙탕에서도 피어나는
절망의 희망

---

1) 일자진(一字陣): 【명사】〔군〕 '一(일)' 자 모양으로 길게 늘어선 진형(陣形).

길을 물었다

길을 묻는다
짧은 한마디
"여기서 어디로 가나요"
눈빛에 서린 바쁜 마음
그대의 미소 잠깐의 여유
알려주는 손짓 하나
서로의 삶 스쳐 지나가도
잠시의 온기 담아 둔다.

도시의 소음 그 속의 정적
짧은 대화 깊은 연결
바쁜 하루 작은 친절로
우주가 열리더니
그날 밤늦도록
희미한 윤곽이
찻잔에 남았다.

나이 든 내게
누가 삶을 물었다.
답 없는 나는
그냥 웃으며
차 한잔 권했다.

우리 이모

아늑한 오후 메마른 신작로길
진한 흙바람 일으키고 달리는 버스
황톳빛 사람들 그 질펀한 이마 위를
휘몰아치듯 덜컹거리며 가는
찜통버스 종점 공산시장
비릿한 시장 냄새와 석유 냄새
고된 삶을 소리치며 살아내던
사람들 사이로 공산시장 한구석
여지없이 앉아 푸성귀 좌판 놓아
계시던 우리 이모

폭력을 달고 사는 남편과
많고 많은 자식들 키워 내면서
인정 많고 손 크시던 우리 이모

6.25 난리 통에 부모 형제 다 죽고
달랑 남은 자매
엄마의 언니였던 우리 이모

글도 모르던 엄마
유일한 기별

엄마가 싸준 보따리 하나 들고
이모 집 가는 날
일밖에 모른 이모 그 고단한 미소
엄마도 이모도 서러웠다

겨울 잠자리
이모 냄새나는 이불 밑으로
한사코 손을 넣어 춥지 않느냐고
물으셨던 엄마 꼭 닮은
우리 이모

그 가늘던 이모
그 선한 괴력은
어디서 왔나요

절대적인

한 치 앞도 볼 수 없는 나는
내일에 맞서 희망을
노래해야만 하는가

꿈을 다리 삼고
희망을 구름 삼아
눈을 뜨거나 감아도
나는 노래해야만 하는가

절대적인 것은
내게 부여된 우주 안에서
바닷물이 마르고
하늘이 빛을 잃었을 때만
절망으로 인정하자

인생이 그렇듯
한끝 장대 끝을 붙잡고
한 번도 경험하지 못한
노도로 휘청거릴 때
끝내 두 손을 모아
볼 수 없는 앞을
누누이 보이듯 노래하자

스마트폰 그리고 초인

손에 잡힌 우주
초인이 되어

손가락으로 지구를 굴리고
잠시의 이별도 불허
광기와 손잡는
분리불안

영혼에 남은 여유 한 스푼
작은 사치마저도
용납하지 않는
나르시시스트

알고리늪에 발을 넣어
매일 잠식 돼가는 만큼
날고 있다고 믿는
초인

칼의 쓰임

이 세상의 모든 칼이
춤을 출지라도
마음에 품은 칼만큼
무섭지 않지

쓰나미

감당하지 못할 복받침이
좁아진 감정 안으로 물밀듯
밀려들 때가 있다

지진해일 쓰나미처럼
한꺼번에 주의보도 없이
깊고 깊은 바다 밑
막막한 어둠 속으로
밀려갈 때가 있다

파헤쳐진 길을 걸어
처벅처벅 넘어지며
걸을 때가 있다

곁에 있던 몇 안 되는
키 작은 나무들 밀려가고
덩그러니 혼자
서 있을 때가 있다

나뒹구는 세상사 잡동사니
다 쓸어 가버리고

우두커니 혼자
서 있을 때가 있다

자식들 가르치겠다고
손바닥만 한 논밭 팔고
도회지로 갈 즈음
돈 냄새 맡고 찾아온
사기꾼에게 날려버린 전부
순박한 엄마
귀 얇은 아버지

송정리 시장 한구석
공장처럼 즐비하게 지어진
가게 한 칸 방 한 칸
잔 막걸리 팔면서
거친 취객 감정배설
참아 내던 엄마

그날 밤
돌아누워 숨겨 흐느끼던
엄마의 작은 등

그러고도
엄마는 그렇게
혼자였다

반복의 기적

새벽바람에 찬 기운
하루도 거르지 않고
마당을 쓸던 아버지

새벽을 깨워
찬물 길러 밥을 짓고
도시락을 쌌던
엄마의 부엌

당연한 일상의 기적
위대한 반복의 기적

죽을힘을 다해
스스로 빛을 만드는 일

비판

마태복음 7장에 적힌 말씀
비판을 받지 아니하려거든 비판하지 말라
어찌하여 형제의 눈 속에 있는 티는 보고
네 눈 속에 있는 들보는 깨닫지 못하느냐

지금껏 내 입 밖으로
새어 나온 말들
어떻게 해야 하나

내 허물 덮으려고
얼마나 많은 억측을
내뱉었을까

남의 티를 보고
얼마나 많은 사람에게
동원령을 내렸을까

음양오행

월-스스로 빛이지만 밤을 지우지 않는 너
일-밤을 지우지만 만물의 등대인 너
화-뜨거움과 따뜻함을 가진 단호한 너
수-모든 것을 안고 아래로만 흘러가는 너
목-새들의 집이 되어주고 열매를 나누는 너
금-문명의 지렛대가 되어 인류를 잇는 너
토-만물의 어머니가 되어 생물을 키우는 너

3.

발길 끝에 저절로 새겨진

커진 마음

첫 시집
갈대처럼 쓰러지며
누구 한 사람 지목하여
서럽고 억울하다고
한 풀 듯 짜낸 눈물이라고
저주하듯 쏟아 낸
활자들이었습니다.

두 번째 시집
헛헛한 바람이 되어
사람 사는 사연 들어보니
나만 한 억울한 여자들
지천에 깔려
말도 못 꺼내고 돌아와
미움 빼고
원망 빼고
눈물 빼고
저주 빼고
보란 듯
접은 꿈을 꺼내어
흘린 눈물만큼

아침을 일으켰더니

이제
용서의 날개를 달고
항해할 수 있는
마음근육 산을 이루고
시간의 자락과
그곳에 매달린
고맙고 감사라는 씨앗들을
모읍니다

이 가볍디가벼운 변덕을
어찌해야 합니까

사랑

어지러워
바로 서지 못하며
눈멀고 귀 어두워
길을 잃었을 때까지만
사랑이다.

눈 밝아지고
귀 뚫리어
정신이 온전하면
그로부터
십자가를 진다.

한때
사랑했다는 이유로.

시 잘 쓰고 밥 잘 사주는 여자

시도 잘 쓰고
밥도 잘 사기는 어렵다.

시처럼 살면서
매일 매일 물속에
머리를 처박아 대는
백학 같아서
사는 것이 참 지랄이다.

시 잘 쓰는 사람은
영혼의 틈새를 헤집느라
밤이 바쁘고

밥 잘 사는 사람은
현실의 뱃머리를
두려워하지 않으니
아침이 바쁘다.

시인은 오늘도
아름답고 정돈된
노동요를 부르고

개미는 그 대가로
밥을 나누면 된다.

나팔꽃

보는 이도 없는데
동도 트기 전에
찬바람에 몸을 맡겨
서둘러 피고는
이내 삶을 접다니.

아침 길
우연히 마주친
곱디고운 파란 나팔꽃
금방 접을 일을
그렇게 선명하게
무엇하나
건성인 것이 없이
피다 지느냐고 물었다.

"지금 당신처럼
말을 걸어 주는
사람이 있으니까요!"

나도 오늘
언제 불림을 받을지 몰라

속옷 깨끗이 입고
가슴 뛰는 누구를 만날지 몰라
넣어 둔 핑크빛 원피스를 입는다.

꽃단장

비가 오면

비가 오면
남자들은

부침개에 막걸리
삼겹살에 소주 한잔
하고 싶다고 한다.

비가 오면
여자들은

달뜨 커피
빗속 드라이브
유키 구라모토 피아노
낭만 시네마
첫사랑 키스
치즈케익
하얀 원피스
거울 앞에서
바다 보고 싶음
창밖에 부는 바람
북소리처럼 빗소리

두드림
말랑말랑
나무늘보
게으를 권리
우산 받쳐주는 남자
히아신스 한 아름

꿈일지라도
….

꽃 그렇게 예쁜 짓만 하는 줄 알았다

꽃은 바람 불 때 교배한다.
꽃이 생식기인 것
죽기 전 절망 앞에서
표정을 뒤로 두고
때로는 야하게 살아내야 한다.

낯선 땅 위에
뿌리내려 피워 낼
또 하나의 꽃을 위해
꽃은 그렇게 운명 앞에
아름답게 솔직하다.

꽃은 비 올 때 자란다.
거침없는 자연 앞에서
목이 부러지듯 내리치는
차디찬 빗방울을
치열하게 견뎌내는 것이다.

꽃 그렇게 예쁜 짓만 하는 줄 알았다.

흔들려도 예뻐

너는 방황해도 예뻐

억새꽃은 바람불 때 더 예뻐
들국화는 무심히 흔들려서 예뻐

방황할 때 방황하고
흔들릴 때 흔들리는 것

부러지지 않을 유일한 몸짓
흔들린다는 것

산다는 것은
흔들린다는 것

살아 있는 모든 것은
흔들린다는 것

그래서
삶이 통째로
흔들리지 않도록
지금 흔들리는 것

산당화

친구야
산당화를 아는지

이른 봄
울타리 밑에 피는 꽃이야

명자꽃이라고도 해
이름이 시골스러워서 편해

아가씨 마음을 설레게 한다 해서
아가씨 나무라고도 해

꼭 너 같아서
꽃말이 열정과 겸손이래

장미종이라고는 하지만
치명적으로 잘난 체하진 않아
어떤 사람들은
꽃나무의 여왕이래

그런데 나는

이유도 없이 좋아.

아니
매 봄 첫 꽃 보는 날
첫사랑처럼 홀연하여
슬프고도 행복해서
발을 동동 구르니
나 말 다했지.

좋아하는 이유를
일기로도 남기지 않기로 했어.

일천한 문장이 되어
책 사이에 묻힐 테니

그래도 묻는다면
곱디고운 공산 행숙이 이모
충청도 어디 일 많고 햇볕 서러운
황톳빛 고단한 과수원집으로
시집갈 때
족두리 같다고만 할게.

자작나무

가만히 서 있기만 해도
비난받을 일이 생길지 몰라

그냥 생긴 대로 살아도
왜 그렇게 생겼냐고
물을 때도 있을 거야.

예쁘고 창백하여 날씬한 너는
시기라는 눈총을
수 없이 맞을지 몰라.

춥다고 얼굴을 바꾸지 않고
바르게 선체로 겨울을 하얗게
살아내는 너는

그 많은 세월
시기 질투를
어떻게 감당할 거야.

소낭구

소나무보다
소낭구란 말이 좋다.

별명 하나쯤
친구였으므로 필수였던
개똥이 같아서 좋다.

비싸고 번듯한
치장된 카스테라보다
학교 앞 점방
흐물흐물
풀빵 같아서 좋다.

처음으로 사랑 고백 받던 날

알고 있던 회사 남자
다방에서 만나자 한다.

기대 반 호기심 반
차려입고 나갔더니
쌍화차 다 식기도 전에
밑도 끝도 없이 하는 말

"저~!
결혼할라고 취직했씀뎌~
짝을 찾아불믄 퇴사해불라고요~"

"첫 번째로 노성배를 찍었는디
싫다고 허시믄
두 번째 영숙이헌티 고백할랍니더~"

첫 번째로 찍었다는 말
의외로 당당한 작전
승낙할 뻔했다.

"영숙이랑 하세요"

그 후
승낙한 영숙이와 결혼
잘 먹고 잘산단다.
흥!

내게 안겨 준
기괴하고 기묘한 프로포즈.

갈퀴나무와 산지기

모두가 가난했던
모두의 가난

그 많은 밥 짓던 시간들
그리고 아궁이

겨울은 혹독하여
아궁이로 빨려 가는
군불 땐 구들방에
몸을 지져 견디던
춥고 배고팠던 날들

너나 할 것 없이
잎갈이 솔갈
갈퀴나무 하던 초동들

산지기는 늘 있었고
무섭게 혼쭐나고도
갈퀴나무는 필연이었으므로
쫓고 쫓기던 날들

우리는 그때를
불행하다 말하지 않는다.

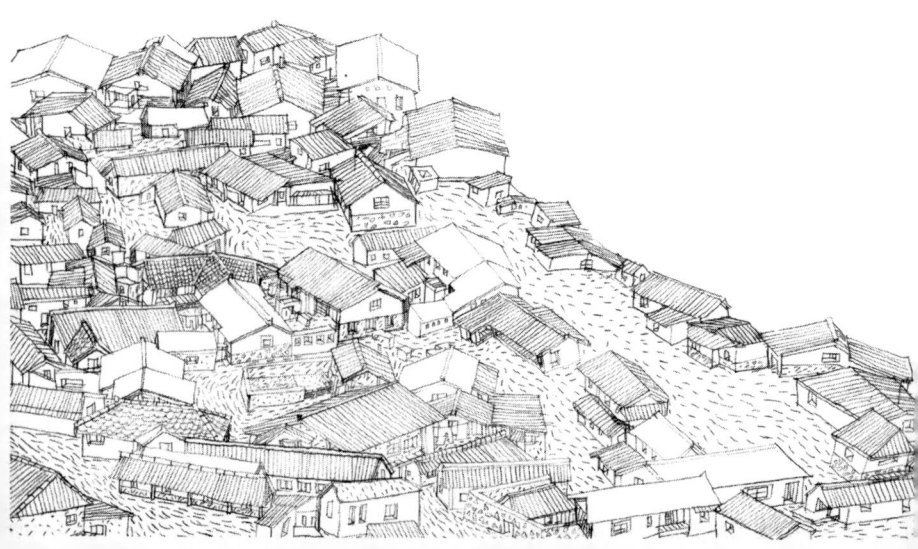

고흐와의 하룻밤

잠 못 드는 텅 빈 방
혼자 눕지 못해 순간 훅 들어 온
그와 밤을 맞는다.

고독했기 때문에 불행했을 거라는
뻔한 스토리는
고흐 이야기가 아니다.

무명의 골목을 걸어
고단한 좁은 길을 오르는
한 인간이었을 긍휼함
또한
고흐 이야기는 아니다.

광기로 가득했던 불안한 눈빛과
절망들을 찍어 바르는 현실 부정도
고흐 이야기는 아니다.

고갱을 위해
해바라기를 그리고
우정을 증명해 내지만

고갱 앞에서 귀를 잘라
극단을 증명한 분노종결자로
기록하는 것은
고흐 이야기가 아니다.

허허한 벌판에서
총알 하나로 자신을 잠재운
비운의 부적응자라고 말하는 것도
고흐 이야기가 아니다.

누구도 말해준 적 없고
그 흔한 사랑 한번 해 본 적 없이
지질한 인생의 물꼬를
캔버스 안으로 몰아넣어
죽고자 살고 살고자 죽은 사람
그리하여
그가 그를 완성했단다.

매화초옥도[1]

백매가 눈 내리듯 하여
초가를 덮은 매화밭

매화꽃 띄워 마신다는
초춘 매화음(梅花飮)
친구 '역매'를 찾아온 '전기'는

막대 끝에 술 한 병 매달고
바쁜 성춘(盛春)을 가로질러
오누나.

한쪽에 서책을 두고
또 한쪽은 가야금을
튕기며 술 한잔 비우는 일이
어찌 헛된 일이겠는가.

아닌 것을 아니라고 말하는
정몽주, 성삼문, 박팽년은
다 거기서 나온 게으름이다.

여자인 나는

이 봄 자락에서
차를 내리고
박제된 기타를 꺼내어
누구라도 불러
이 봄을 노래하고 싶다.

---

1) 매화초옥도(梅花草屋圖) : 조선 후기 전기(1825-1854)가 그린 것으로, 작가 전기와 그의 친구 '역매'의 우정을 엿볼 수 있는 그림이다.

처음이었으므로 나는 성글다

한 번 더 이곳에 오려거든
어떤 나라를 구해야 하나

에누리 없이 연습도 없이
딱 한 번만이라니

살아 있다는 것의 공포
살아갈 것에 대한 불안
흔들릴 때마다
바람 끝에 매달린 영혼

얼기설기 챙겨가며 살아보지만
모든 일이 다 손 설다

햇볕 깊은 몇 마지기
그래도 몇 고랑을 따라
심어 놓은 눈물 자국들

처음이었으므로
나는 성글다

내가 내게 꽃을 선물합니다

꽃은
남을 위해서만
사는 줄 알았습니다

오늘은 나를 위해
선홍색 사루비아에
보라색 사루비아를 섞은
꽃다발 하나를 샀습니다

곧 지고 말 꽃이건만
살아 있는 동안
미치도록 사랑한다고 말해줍니다

내게 선택받은 사루비아는
소설 데카메론의
슬픈 사랑 이야기
향기 듬뿍 들려줍니다

서로에게 허락된 시간만큼
꽃과 나는 강물이 되어
영겁으로 흐르기 전에

사랑해야 합니다

꽃은 내게
나는 꽃에게

빈집

달그락거리던 소리만으로도
뒷마당 잡신을 쫓아내던 인기척

구들장 뜨거운 군불을 타고
양철 굴뚝을 달구던 사람의 기운

이 집 저 집 펴 오르는 저녁 냉갈
살아 있다는 이웃의 신호들

흔들리는 댓잎 새로
눈처럼 새어든 성근 낮볕들
수줍게 기역자로 누운 꼬막 초가집

족제비 드나들던 개구멍에서
흙담 위에 얹혀진 아버지의 이엉까지

딸 하나 가시네
철 들기도 전에 상경해서
멀대 같은 칸나 꽃밭 그 품 아늑하여
베갯잇 적시던 3교대 공장

세월을 빗으며 시집 한 권 끼고
찾아간 황톳길 배밭 끝 우리 집

엄마도 없고 아버지도 없는
흔한 동생들 푸닥거리
싸늘한 엄마의 부뚜막까지도
구멍 난 지붕 끝에 맺힌
이슬방울로 떨어진다

내내 바라보다
기어코 주저앉아
주체 되지 않는 가슴만
어루만지고 있다

빈집이 된
우리 집

웃음의 파고

너무도 웃을 일이 없어서 웃고 말았다.

너무 어이없어서 웃고 말았다.

웃고 나니 옆 사람이 웃었다.

옆 사람이 웃으니 모두 웃었다.

착각

나도 모르는 막연한 믿음은
착각의 통로를 타고 온단다
착각이라는 병명은 없다
우리는 착각만큼의
용서와 평화를
용인받기도 하나보다

호젓한 찻집 숲으로 난
초겨울 유리창을 내다본다
풀숲을 오가는
바쁜 다람쥐를 본다

나는
닥쳐올 지독한 겨울을
걱정하고 있다

겨울을 지낼
다람쥐 집을 지어
따듯한 불을 지피고
매일 아침 그가 좋아하는
도토리 샌드를

만들어 줄까보다

내가 앉았던 창가는
녀석이 내게 준 착각
녀석이 만든 숲은
겨울 숲이 되어도
봄을 채근하지 않는다

녀석이 바라보는 쇼윈도
박제된 나를 본다

채념

체념은 나도 알고 너도 알지
체념은 포기가 아니라 회고지
체념은 성숙한 멈춤을 사용하지
체념은 운명이라고 하지 않는 것
체념은 굴복하는 무엇이 아닌 것

생텍쥐페리의 어린 왕자
사막이 아름다운 것은
사막 어딘가에
우물이 있을 것이라는
체념 끝을 휘어
늘 이런 식으로
운명을 거스르지

선을 넘는

선을 넘고 싶을 때가 있다

너무나 많은 선 들을 그어 놓고
무심히 선을 지키며 살지만
종종 선을 넘고 싶을 때가 있다

넓고 넓은 하늘에도 그어진 선
망망하여 아늑한 바다에 숨은 선까지

어디 세상사 발 딛고 두 발로 걸어
선 넘을 일 꿈도 꾸지 않으며
그렇고 그렇게 적당히
일 저지르지 않고 살아왔을
내 인생 앞에
처음으로 말을 걸어
다그쳐 세운다

"너 미쳐봤어?"

나혜석

김우영의 청혼과
나혜석의 결혼 조건

- 평생 지금처럼 사랑해 줄 것
- 그림 그리는 것을 방해 말 것
- 시어머니와 전실 딸과는 별거하게 해줄 것
- 최승구의 묘지에 비석을 세워줄 것

여류화가, 여류시인, 여류작가, 페미니스트
불같은 사랑, 남존사회 저항, 이별과 절망

마지막 이야기
무연고자에 영양실조
사망

타인의 본질

처음부터 남이었을 때
타인이라 하지

폭풍 같은 인연이었다가
다시 남이 되었을 때도
타인이라 할까

별도 따고
태평양을 건너고도 남을
활화산 같은 사랑 끝에
남이 되면 타인 인양
스칠 수 있나

나의 타인은
심장이 뛰지 않으면
타인으로 정한다

외길

돌아갈 수 없는 길에서
뒤를 돌아본다

어쩜 이리 힘주고 살았던지
다리도 아프고 맘도 아프다

며칠을 살기 위해
고고하게 날던 나비 한 마리
내 앞을 날다 꽃에 내린다

아직 외길을 걷는 내게
남겨진 인연들
정이 볼모가 된
끊지 못한 미련 잘라내
가볍디가벼운 나비가 되어
날라 한다

나를 위해
살라 한다

생각 사용법

지나친 생각 중지

오늘 밤 당신을 도발하고
하룻밤을 탐할지도 몰라

밤새 우주를 휘돌아 올
내력 없는 날개
하룻밤 만리장성을
쌓아도 잠재우지 못하는
기력 없는 생각들

다리 없는 생각이
뇌를 꼬드겨
밤새워 끌고 다니다 내린 결론
'미쳤나 봐'

교묘히 감정을 앞세워
눈물로 위협하며
과속 액셀러레이터를 밟는
잔혹하여 괴물이 된 나를 보고
깜짝 놀라 던지는 말
'미쳤나 봐'

요즘 말

암호를 풀지 못하면
사선을 넘을 수 없다

암호를 외운다

주불 : 주소 불러
웃안웃 : 웃긴데 안 웃김
저메추 : 저녁 메뉴 추천
당모치 : 당연히 모든 치킨은 옳다
갑통알 : 갑자기 통장을 보니 알바를 해야겠다
완내스 : 완전 내 스타일
군싹 : 군침이 싹 돈다
갈비 : 갈수록 비호감
가싶남 : 가지고 싶은 남자
갑분싸 : 갑자기 기분이 싸해짐
건어물녀 : 연애를 포기한 여자
궁물 : 궁금하면 물어보기
마상 : 마음의 상처
보배 : 보조 배터리
성덕 : 성공한 덕후
시강 : 시선 강탈

아아 : 아이스 아메리카노
애빼시 : 애교 빼면 시체
오다망 : 오늘 다이어트 망했다
취존 : 취향 존중
현타 : 현실 자각 타임

무관심

냉정하여 무관심한 걸까
무감각하여 무관심한 걸까

오래전에 닫힌 성장판
의존해 온 그대로
관심을 말하고 있다

무관심이라는 극약 처방
살지 죽을지 모를 일로
관심을 말하고 있다

뛰지 않는 심장
어두워진 망막을 알고도
관심을 말하고 있다

발길마다

휘파람 불며 걷던 날이 언제던가
발걸음 가벼이 날 듯 걸으니
구름도 바람노 따르고
지천에 핀 꽃들이
앞서거니 뒤서거니 줄을 서더니
어느새 꽃길이 되어준다.

아이처럼
통통거리며 걷던 날이 언제던가
어른이어야 할 이유도 없이
어른이 되어버린 발길 너머로
한사코 인생도 아쉽다.

낙엽 지는 거리를 걷던 날이 언제던가
사랑 가득 그대 눈빛처럼
가슴 설레어 걷던 발길 뒤에
아직도 남아 있는
희미한 그리움도 좋다.

4.

더 이상 예쁠 수 없는 꽃처럼

차림[1]

밥은 차려 먹고
옷도 차려입는다

한 살림 차리고
한세상 사는데

차려서 말하고
차려서 행동하고
차려 사는 것

나를 위해서
누구를 위해서

---

1) 차림 : 【명사】 옷이나 몸치장을 차려 갖추는 일.

물건들

다 내게 필요한 물건일까
제정신으로 산 물건이
몇 개나 될까

사는 줄은 아는데
치우는 법을 몰라
평생 내 곁을 뒹굴던
물건들

빈 구석구석에 박아두고
눈길 한번 주지 않았던
그대 물건들

내가 하늘로 집을 옮길 때
세상에 남겨질 것들을 어쩌지

짝사랑

어쩌면 사랑한다는 것은
흔들리는 내 영혼을
바로 세울 수 없다는
항복인 것을 압니다

그러나 저러나
연푸른 언덕에
코발트빛 집을 짓고
하얀 풍향계가 되어
바람처럼 다가오는
당신의 옷자락을
보고 싶습니다

거친 대지가 된
당신의 메마른 입술에
잠들고 싶습니다

본새 없는 표정
둘 곳 없는 시선
빗물로 바꾸어
사랑을 쏟아붓고 싶습니다

그대 옷자락에 스민 빗물은
나의 눈물입니다

사
랑
해
도

될
까
요
!

다만

다만
미움만 빼면

다만
욕심만 빼면

다만
힘만 빼면

안 될 일 있나

걱정

지금 걱정해서
해결될 일이
얼마나 될까.

멀리 있는 걱정을
기어코
내 앞에 끌어다 두고
밤새 주물럭거리다가
더 커진 걱정을
걱정하고 있다.

걱정해서 해결될 일은
이미
걱정이 아닌 것

걱정은 하고 살지만
커피 한잔 내리는 시간만큼만
돌려막자는 것

즉답하지 않기
먼 곳도 바라보기

내 탓으로만 돌리지 않기
차려진 언어로 말하기
조금 더 알아보기
친구에게 전화하기
귀찮아하지 않기

이 나이 되어서

나의 유정한 일생 앞에서

죽었다 살아난 듯
내일이 없는 듯
아침이 사랑으로 옵니다

커서 예쁜 언니가 되고 싶었고
뾰족구두 아가씨가 되고 싶었고
화장하는 엄마도 되고 싶었던 시절

꿈이 현실로 놓인
어른살이 앞에서
너무 멀리 와버린
나를 봅니다

발길 끝에 저절로 새겨진
인생의 백과사전을
조용히 열어 봅니다

나를 봐달라고 애쓰며 살던
삶의 궤적만 돌고 돌다가
다시 사전을 덮습니다
불로 태워 재를

허공에 뿌립니다

하늘로 떠날 때
남겨질 것들이 부끄러워
조금씩 가벼워 집니다

매일 아침
동쪽 커튼을 열고
나보다 선배였던
시인들의 시집을 읽습니다

시인들은 여지없이
유채꽃이 된 나에게
나비가 되어 찾아옵니다

건망증

나는 참나무

다람쥐는 부산하지만
숨겨 놓은 도토리
다 기억 못하지

이듬해 여지없이
싹은 돋아난다네

그래서
나는 녀석에게
어깨를 내어주고
그늘을 준다네

손해 볼 장사가
아니라는 것도 알지만
그 녀석 때문에
살맛이 난다네

알고 보면 녀석들이
만든 숲

귀엽고 위대한
건망증

밥 한번 먹자

수도 없이 난발한
헛헛한 약속들

일은 얇은 입술이 저지르고
준비 안 된 몸은
늘 곤하다

내 안에서
매일 일어나는
논두렁 싸움

'밥 한번 먹자' 대신

'무슨 일 있으면 연락해'

의무 같은
묘한 기운을
지우는 것이다

그래서 나를 살리자

겨울잠

참 지혜롭지

잠시 짱박히는 일
다음을 도모하는 일

뻔한 패배 앞에
애쓰지 않는 것

잠시 휴업
괜찮아
나쁘지 않아

곰이
곰 같지 않아

치매

뇌가 늙으면
기억은 지워버리고
추억만 남겨 둔단다.

기억은
삶을 살아내는데
의무로 채워야 할
연료 같아서
용량을 많이 차지한단다.

추억은
좋은 기억만 쌓아 둔
통장 같아서
이자로 행복이
지급된단다

신은
무겁고 지난했던
기억의 방을 비워내고
추억을 보상으로
주시나 보다

서쪽으로 창을 내어

서쪽으로 창을 내어
와인 빛 하늘 높이
젖어오는 벅찬 순간까지
눈 한번 감지 않고
바라본다

황혼
너도 나처럼
서고산을 넘는구나

전에 몰랐던
이 장엄한 절정을
내게도 나누련

불타는 눈망울
붉어진 입술을
더 이상
예쁠 수 없는 꽃처럼
황홀하게 안아 주오

그리하여

다시 없는 밤을
너와 함께 넘고 싶다

만년필

처음으로 만년필을
선물 받았다

쪽빛 잉크 하나
전용 종이까지
시대를 거슬러 다시
펜 끝으로 모이는
순전한 낭만

의식을 타고
손끝에 전달되는
사삭촉촉 종이소리

조정래 그리고 김훈
감성으로 내게 온
조금 굵은 만년필

글이 생각나 만년필을
여는 것이 아니라
만년필을 쓰고 싶어
글을 쓰다니

협상의 기술

히말라야를 넘을 체력
떡 놓고 3일을 굶을 인내
소나기 정도는 맞을 여유

도로또

흥 많던 아버지의 전유물
도로또
지금은 트롯트라고 말하지
아버지는 도로또라고 했다

이 시대
타 장르를 잠재우고
한의 음률로 채워버린
도로또

아버지의 노래가 아닌
모두의 노래가 된
도로또

기억의 저편
담배 연기 가득 찬
흙벽 단칸방 술상 너머로
들리는 아버지의 도로또
'애수의 소야곡'

마지못해 부르던

곱지만 박자 없는 엄마 노래
'바다가 육지라면'

살아내면서 새어 나오는
본능의 탄식과 리듬을 섞고
가난과 배신
사랑과 꿈들을 고아
슬프지만 위로를 건네는
아버지의 가락
엄마의 노래

도도한 강물이 되어 돌아 돌아
다시 트롯트

도로-또

나도 모르게 부르는
도로-또

엄마의 시간

순간 거울을 스치다
흠칫 놀라는 일이 잦다.

엄마의 얼굴이 거울에 있다.

이때쯤
내 나이었을 엄마 얼굴

동생들이 엄마 보고 싶으면
누나 보러온다더니

하늘 같은 엄마가
하늘로 가시고
내가 그 자리에 서서
동생들의 엄마이기도 한 시간을
산다.

그 큰 바다였던 엄마
엄마처럼
엄마 같은 엄마로 살 수 있을까.

나도 엄마가 보고 싶다.

그때 엄마는
엄마의 엄마가 얼마나 보고 싶었을까.

흰머리

신선치고 검은 머리 봤더냐
나이를 말하려거든
나이만큼 살아낸 영광을 말하라

젊고 검었던 시절의 뒤안길은
다시 걷고 싶지 않으니
눈앞에 걸리는
흰머리 다듬어 넘기며
없는 것 놔두고 있는 것 사랑하며
살 일이 아닌가

부드러운 미소
당당한 어깨 뒤로
펄럭이는 스카프
그리고
하얀 머리

이제
흰머리를 말하려거든
꽃매(꽃할매)라 하라.
자유라고 말하라.

마치 겨울과 맞짱뜨는
갈대꽃처럼…

침묵의 기술

먼저 말하고
크게 말하고
혼자 말하고
오래 말하는 것은

침묵에게
칼자루를 바치는 것

여자니까

센척하면서 무너질 때
'여자니까'로 마무리하면
무개념, 예쁜 척, 약한 척
비겁하다고 따질 때
난감!

여자니까 라는 말은
예쁜 것들의 전유물

세상에 내려진
가장 불공평한
용서!

문 뒤에

시는 분명하지 않으므로
시인은 분명하지 않았으므로
조금은 변명하듯
문 뒤에 있어도 좋다

순식간에 알아차리지 못하게
자명한 것을 늘어놓지 않고
답을 구걸하지 않으니
문 뒤에 있어도 좋다

깊게 드리우는
동쪽 빛이 눈 부셔
쪽창을 내고
덜 뜬 눈으로
문 뒤에 있어도 좋다

석양빛이 붉게 물들고
지는 낙엽
조금은 쓸쓸한 가을이
하루도 멈추지 않는
자연의 이치라 해도

해석을 금지하고
문 뒤에 있어도 좋다

삶에서 달관은 없듯
모두 처음인 길에서 허덕이듯
고독한 자신을
특정하지 못할 즈음
이름을 불러 손을 잡아주는
시는 수줍듯
문 뒤에 있어도 좋다

운명을 사랑하라

아모르 파티(Amor Fati)
'운명을 사랑하라'

주어진 운명을 사랑하고
죽음마저도 멋지게 맞으란다

자신이 설정한 과대평가를
오르고 오르다가
삼막산 꼭대기에서
나뭇잎으로 날 때
추락하는 것이 아니라
날고 있다고 믿었다

운명은 바람 같아서
걸림이 없고 걸림이 없으니
두려움이 없고 두려움이 없으니
자유가 되듯이

바람처럼
운명을 사랑하라

불면증

너무 멀리 와버린
과도한 욕구

밤만 되면
재개되는 전투

작전명
"너 죽고 나 죽기"

달맞이꽃

불확실한 우주혼돈 안에서
아직도 내밀하게 조합되며
보이지 않는 바람에도 흔들리는
달맞이꽃 밤을 다하여
애절하거늘

밤을 하얗게 새우고도
노랗게 낯빛 물들이고
창백하여 비틀거릴지라도
어설픈 시선 거부하는 너

그 흔한 욕구들
다 내려놓고 구도자로 살면
뙤약볕을 견딜 꽃잎
누가 초록을 물들일 것인지
묻는 달맞이꽃

까만 밤 찬바람에
풀들은 퍽퍽 쓰러져도
옷깃을 세워 기어코
달을 맞는 너

깨달음

아는 것을 깨달음이라
하지 않는단다

마음이 고요하다고
깨달았다고 하지 않는단다

연마 끝에
높은 바위를 뛰어넘는다고
깨달았다고 하지 않는단다

달관하여 세상이 다
한눈에 보인다 하여
깨달음이라 하지 않는단다

잠시 이해가 되었을 뿐
깨달음은 아니란다

무지몽매한 나는
이해도 모르고
깨달음도 모르니
아는 것도 없고

모르는 것도 없다

아는 것을 안다 하지 잃고
모르는 것을 모른다고 하자

고요한 소음

시끄럽고 시끄러운
잔치 집에서도 잠이 오지

정월 대보름 봉정댁 큰방
장구 소리 징 소리 울어대도
자장가처럼 잠이 들지

고요하고 푹신한
침실에서 잠 못 이루는 나

고요는 영혼의 전유물처럼
불 꺼진 창문 같아서
두려울 때가 있지

소음이 소음이 아닐 때가 있고
고요는 꼭 평안을 담보하지 않지

사람의 소리는 맥박을 타고
가슴을 어루만질 때가 있지

박하사탕

고열로 밤을 헤맬 때
죽음을 쫓는 당골래
밤새 징 소리 울리더니
동트는 아침
쓰디쓴 입속에 들어오는
박하사탕

죽다 살아온
환생의 맛

누림의 이치

천사를 대신해서
엄마를 보내주심

바라보지 않는다고
별은 지지 않음

이러나
저러나
꽃은 피어남

결정장애

이불 밖은 위험해
눈 감고 이불 여미어
닥쳐올 것늘에 선 긋기

갈망이 눈앞에 놓여도
이불 밖은 위험해
눈 감고 이불 덮자

손을 내밀지 않기
눈을 맞추지 않기

해가 져도 거두지 못하는
그리움 반 미움 반 걸린
빨랫줄

단순하게 정면으로

손가락 하나라도 걸치면 인연
외로워서 이은 실 날 같은 인연
그 많던 연을 끊는 일

단순하여 허무한 홀로
야생일지라도 정면으로
다시 외로워질 일이다

오롯이 나로 살며
단순하게 정면으로
다시 독립할 것

마주치는 새 인연
강물처럼 스쳐 보내며
호젓한 담볕 아래
등받이 없는 의자 하나
나 하나
늙어가는 여류 시인의
서시를 낭독하자

꿈은 이제 잠에서 꾸고

아직 닿지 않은
감당 못 할 저편
괜한 응시를 거둘 것

평생 주인을 섬기다
지친 물건들 쓰다듬어 보내고

단순하게 정면으로
긴긴밤을 맞을 것

살아보니
어제나 오늘이나
별반 차이 없어
기대만 세운 일엽편주
괜한 항해를 접고
온전한 의식 끝에 잡히는
기억을 친구삼아

단순하게 정면으로
살 것

노성배 두 번째 시집
막연한 삶을 가로질러 봄

지은이 // 노성배
기획 // 김년오
삽화 // 노성진
펴낸곳 // 휴먼필드

발행일 2025. 7. 7

출판등록 제395-2006-00063 // 주소 경기도 파주시 탄현면 장릉로 124-15 //
대표전화 031. 943. 3920 // 팩시밀리 0505. 115. 3920 //
e-mail. minbook2000@hanmail.net

ⓒ 노성배, 2025
ISBN 978-11-92852-07-2 03810

※ 지은이와 협의하여 인지를 붙이지 않았습니다.
※ 잘못된 책은 구입하신 곳에서 바꿔드립니다.
※ 값은 표지에 있습니다.